MÉMOIRE

SUR UN

NOUVEAU SYSTÈME DE CONFECTION

DES

FUSÉES DE GUERRE;

PAR EMIN-PACHA,

GÉNÉRAL DE BRIGADE DANS L'ARTILLERIE OTTOMANE;
ANCIEN ÉLÈVE DE L'UNIVERSITÉ DE CAMBRIDGE
ET MEMBRE DE PLUSIEURS SOCIÉTÉS FRANÇAISES.

Paris,

BACHELIER, IMPRIMEUR-LIBRAIRE

De l'École Polytechnique, du Bureau des Longitudes, etc.,

QUAI DES AUGUSTINS, N° 55.

1840

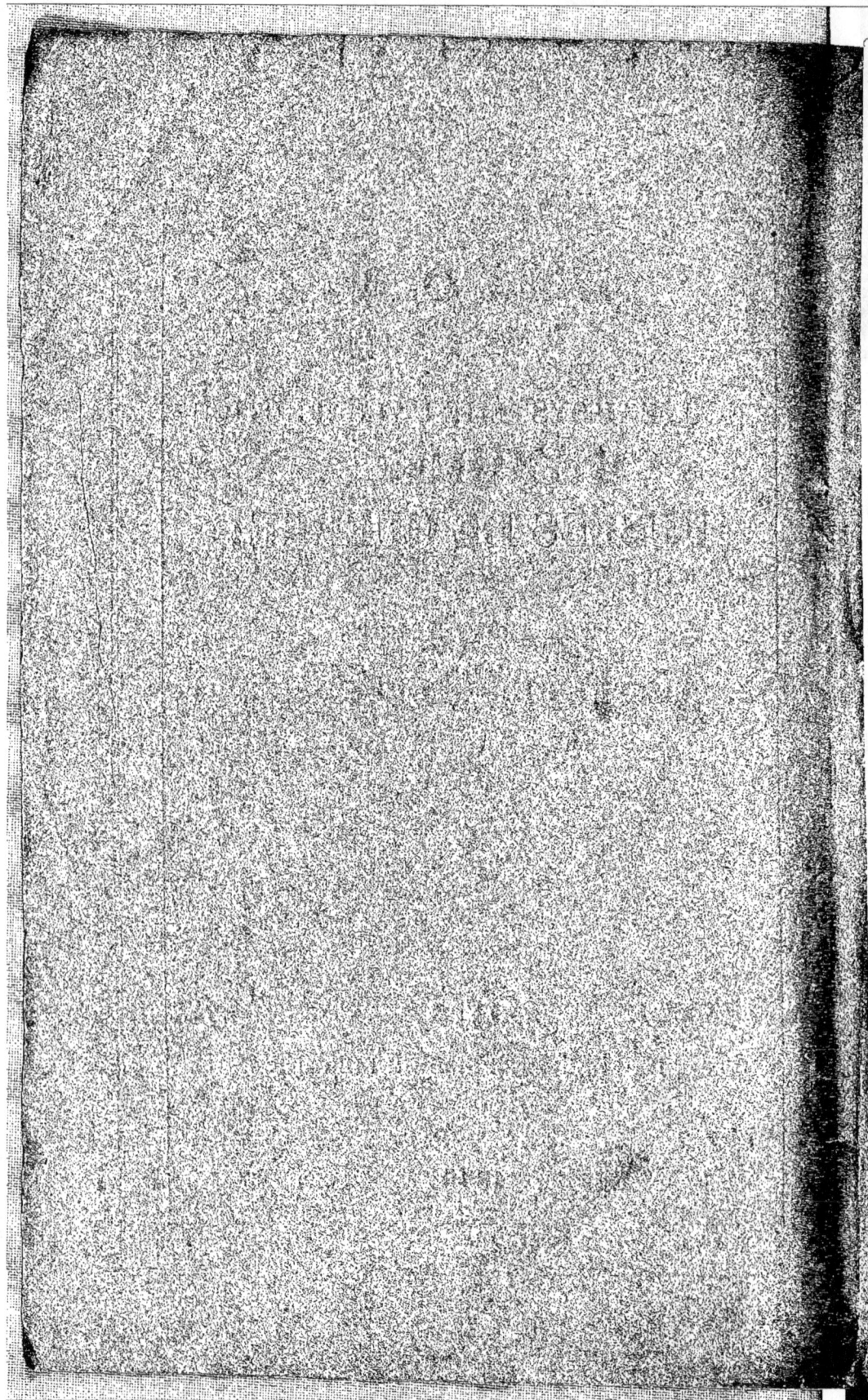

MÉMOIRE

SUR UN

NOUVEAU SYSTÈME DE CONFECTION

DES

FUSÉES DE GUERRE.

IMPRIMERIE DE BACHELIER,
rue du Jardinet, n° 12.

MÉMOIRE

SUR UN

NOUVEAU SYSTÈME DE CONFECTION

DES

FUSÉES DE GUERRE;

Par Emin-Pacha,

GÉNÉRAL DE BRIGADE DANS L'ARTILLERIE OTTOMANE,
ANCIEN ÉLÈVE DE L'UNIVERSITÉ DE CAMBRIDGE
ET MEMBRE DE PLUSIEURS SOCIÉTÉS FRANÇAISES.

Paris,

BACHELIER, IMPRIMEUR-LIBRAIRE

De l'École Polytechnique, du Bureau des Longitudes, etc.,

QUAI DES AUGUSTINS, Nº 55.

1840

N

e
r
n
d

d
n
l
g

MÉMOIRE

SUR UN

NOUVEAU SYSTÈME DE CONFECTION

DES

FUSÉES DE GUERRE.

1. Nous avons étudié avec soin les procédés employés jusqu'à ce jour pour la fabrication des rochettes, et ce qui nous a frappé particulièrement, c'est le peu de justesse que l'on obtient dans le tir avec ces projectiles.

Nous avons remarqué aussi que les rochettes dont la justesse est la plus exacte ont une portée moins grande, tandis qu'au contraire, celles dont la portée est la plus grande présentent la plus grande déviation dans leur trajectoire.

Nous avons partagé l'opinion que ces projectiles, même les plus parfaits jusqu'à présent, laissent encore beaucoup à désirer, et quant à la portée et quant à la justesse dans le tir; mais aussi nous avons pensé qu'il n'était pas impossible de leur donner toute la perfection dont ils sont susceptibles. C'est à la solution de ce double problème que nous nous sommes appliqué particulièrement; et le résultat de l'analyse que nous allons présenter prouvera que la question pouvait être résolue.

Nous avons d'abord commencé par rechercher les causes pour lesquelles les rochettes atteignent si rarement le but vers lequel on les dirige, et nous avons reconnu que cette cause provient de ce qu'il peut arriver, soit dans la composition de la matière fusante, soit dans le chargement du cartouche, quelques accidents qui occasionnent une irrégularité (*) dans le développement des gaz

---

(*) Il est impossible d'obtenir une matière fusante entièrement homogène ni d'une densité symétrique dans toutes les parties du cartouche, qui produise une déflagration parfaitement uniforme. Et en supposant même que l'on puisse obtenir cette homogénéité, il arrivera que, au commencement, la déflagration ne s'opérera pas simultanément dans toute la surface conique de l'âme; par conséquent cette surface conique deviendra irrégulière, et cette irrégularité placera le centre de gravité hors de l'axe de la rochette, tandis que le centre de résistance restera toujours dans l'axe du projectile; de plus cette irrégularité de la surface conique détruit le parallélisme à l'axe de la rochette, du gaz jaillissant par les orifices opposés à la partie irrégulière de cette surface, et la déviation de l'échappement du gaz donne naissance à une résultante perpendiculaire à l'axe de la fusée, et que nous avons appelée *la force perturbatrice*, et cette force, avec le déplacement du centre de gravité, fera éprouver encore à la rochette une déviation dans sa trajectoire.

par la déflagration, et que cette irrégularité donne naissance à une force perturbatrice qui n'agit plus dans le sens de l'axe de la rochette.

2. Cette déviation peut être rectifiée en ajoutant au mouvement de translation de ce projectile un mouvement giratoire; ce que nous allons prouver par l'analyse.

Soit A une rochette dans l'espace (fig. 1) ayant un mouvement de rotation autour de son axe, et sollicitée par une force répulsive et uniformément accélératrice, qui agit sur la fusée toujours au même point vers le centre de gravité, et perpendiculairement à l'axe de la rochette : sans nous occuper du mouvement de translation vers le but, nous allons chercher les circonstances du mouvement qui provient seulement de cette force perturbatrice.

A cet effet, par le centre de ce mobile, menons la ligne AB perpendiculaire à l'axe de la rochette, et CB perpendiculaire à AB; représentons par P une autre position de la rochette au bout du temps (t); soit, dans le même temps, PC la position de la force perturbatrice, en abaissant sur BC la perpendiculaire PM et faisant $AB = a$, $PM = y$, $BM = x$, l'angle $CPM = \theta$, $\tau =$ le temps de la rotation de la rochette, et $\mu =$ l'intensité de la force perturbatrice qui a commencé à agir

de A vers B sur la rochette, quand celle-ci était
en A, nous aurons l'équation différentielle du
mouvement (*)

$$\frac{d^2x}{dt^2} = \mu \sin \theta,$$

et

$$\frac{d^2y}{dt^2} = -\mu \cos \theta ;$$

mais

$$\theta = \frac{2\pi}{\tau} t ;$$

par substitution

$$\frac{d^2x}{dt^2} = \mu \sin \left(\frac{2\pi}{\tau} t \right),$$

et

$$\frac{d^2y}{dt^2} = -\mu \cos \left(\frac{2\pi}{\tau} t \right) ;$$

en intégrant,

$$\frac{dx}{dt} = \mu \int \sin \left(\frac{2\pi}{\tau} t \right) dt = \frac{\mu\tau}{2\pi} \left[1 - \cos \left(\frac{2\pi}{\tau} t \right) \right],$$

et

$$\frac{dy}{dt} = -\mu \int \cos \left(\frac{2\pi}{\tau} t \right) dt = -\frac{\mu\tau}{2\pi} \sin \left(\frac{2\pi}{\tau} t \right) ;$$

(*) Si nous supposons que le poids de la rochette soit variable, l'équation différentielle deviendra impossible à inté-
grer ; cependant, quoique les résultats de l'analyse soient
différents, la conclusion que nous allons en tirer sera la
même : c'est pourquoi nous avons supposé que le poids est
invariable.

par conséquent

$$x = \frac{\mu\tau}{2\pi} t - \frac{\mu\tau^2}{4\pi^2} \sin\left(\frac{2\pi}{\tau} t\right), \qquad (1)$$

et

$$y = a + \frac{\mu\tau^2}{4\pi^2}\left[\cos\left(\frac{2\pi}{\tau} t\right) - 1\right]. \qquad (2)$$

L'équation de la courbe transcendante, décrite par le centre de gravité de la rochette, sera

$$\left\{\frac{4\pi^2}{\mu\tau^2} x - \mathrm{arc}\left\{\cos = \left[\frac{4\pi^2}{\mu\tau^2}(y-a) + 1\right]\right\}\right\}^2$$
$$+ \left[\frac{4\pi^2}{\mu\tau^2}(y-a) + 1\right]^2 = 1.$$

Si la vitesse de rotation de la rochette est très grande, le temps (τ) sera très petit et conséquemment le second terme du second membre des équations (1) et (2) deviendra extrêmement petit ; le temps (t), dans les fusées, ne peut pas non plus être grand : ainsi la valeur de $\left(\frac{\mu\tau}{2\pi} t\right)$, dans l'équation (1), est fort petite ; par conséquent la variation des coordonnées x et y sera très peu sensible. Maintenant, si l'on donne à la rochette un mouvement giratoire d'une vitesse suffisamment grande, le résultat de l'analyse prouve que la courbe transcendante, décrite par le centre de gravité de la rochette dans le mouvement que lui imprime la force perturbatrice produite par la déflagration irrégulière de la matière fusante, devenant excessivement petite, si l'on combine ce mouvement avec celui de translation de la rochette vers son but, le projectile décrira une espèce d'hélice transcendante, que nous pouvons considérer comme une ligne droite : donc la grande déviation des fusées à la Congrève, qui a toujours lieu quand elles n'ont pas de mouvement giratoire, peut être rectifiée et rendue nulle si l'on y en ajoute un.

Il est facile de comprendre que, si la force perturbatrice agit sur un point de la rochette autre que le centre de gravité, la nutation de l'axe de la fusée sera aussi nulle, dans le cas où la vitesse de rotation sera très grande; car, par la rapidité de ce mouvement giratoire, la force se trouve distribuée autour du cartouche, et le résultat est le même que si la force perturbatrice agissait sur la rochette dans tous les sens : la fusée ne peut donc évidemment avoir aucune déviation.

3. En établissant analytiquement qu'il est nécessaire de donner aux rochettes un mouvement giratoire pour obtenir la justesse dans le tir, nous n'avons fait qu'appuyer les opinions admises aujourd'hui; et c'est pour avoir ce mouvement que

l'on a imaginé de modifier les rochettes en faisant usage d'hélices saillantes adaptées soit au cartouche, soit à la baguette. Mais, par cet appareil, le mouvement progressif se trouve contrarié par la résistance de l'air qui, par conséquent, raccourcit la portée du projectile.

Pour rendre cet inconvénient plus sensible, nous allons comparer deux rochettes tirées verticalement, l'une avec et l'autre sans hélice : voyons la différence produite par la résistance de l'atmosphère.

Soit AB une rochette avec une hélice saillante CD (fig. 2). En faisant

ω = le poids de la rochette,

$p = \begin{cases} \text{la pression du gaz produite par la déflagration de la} \\ \quad \text{composition, sur une aire égale à la somme de} \\ \quad \text{celles des orifices destinés à son échappement,} \end{cases}$

s = l'espace parcouru par la rochette,

r = le rayon de la base du cartouche,

n = la hauteur AH du cône,

θ = l'angle DFE que l'hélice fait avec la perpendiculaire ED,

x = la distance variable entre un point de l'hélice et l'axe de la fusée,

a = la distance de l'axe de la rochette au bord de l'hélice,

v = la vitesse de la fusée au bout du temps (t),

ρ = la densité de l'air,

g = la force accélératrice de la pesanteur,

nous aurons, pour la différentielle de l'aire de l'hélice, l'expression

$$\frac{2\pi x dx}{\cos \theta}.$$

La résistance de l'air sur l'hélice, dans la direction de l'axe de la rochette, sera exprimée par l'intégrale

$$\int_r^a \rho \pi \nu^2 \cos^2 \theta \, x dx = \tfrac{1}{2} \rho \pi \nu^2 \cos^2 \theta \left(a^2 - r^2 \right);$$

en ajoutant à cette résistance celle que rencontre le pot de la rochette, on aura

$$\tfrac{1}{2} \rho \pi \nu^2 \left[\cos^2 \theta \left(a^2 - r^2 \right) + \frac{r^4}{n^2 + r^2} \right].$$

La résistance qui agit sur l'hélice perpendiculairement à l'axe de la rochette, sera égale à

$$\int_r^a \rho \pi \nu^2 \cos \theta \sin \theta \, x dx = \tfrac{1}{4} \rho \pi \nu^2 \sin 2\theta \left(a^2 - r^2 \right).$$

Si nous cherchons la valeur de θ dans le cas où il donne le maximum de la résistance qui imprime à l'hélice le mouvement giratoire, nous aurons

$$\cos 2\theta = 0,$$

d'où

$$\cos^2 \theta = \tfrac{1}{2}.$$

L'équation différentielle du mouvement sera

$$\frac{dv}{dt} = \frac{p - \omega - \tfrac{1}{2}\rho\pi v^2 \left[\tfrac{1}{2}(a^2 - r^2) + \dfrac{r^4}{n^2 + r^2} \right]}{\dfrac{\omega}{g}};$$

faisant, pour simplifier,

$$\frac{\omega m^2}{4g(p - \omega)} = \frac{g\rho\pi}{2\omega} \left[\tfrac{1}{2}(a^2 - r^2) + \frac{r^4}{n^2 + r^2} \right],$$

nous aurons

$$\frac{dt}{dv} = \frac{1}{\dfrac{g(p - \omega)}{\omega} - \dfrac{\omega m^2}{4g(p - \omega)} v^2},$$

en intégrant

$$t = 4g\omega(p - \omega) \int \frac{dv}{4g(p - \omega)^2 - \omega^2 m^2 v^2}$$

$$= \frac{1}{m} \log \frac{[2g(p - \omega) + \omega m v]^2}{4g^2(p - \omega)^2 - \omega^2 m^2 v^2},$$

qui donne

$$e^{mt} = \frac{[2g(p - \omega) + \omega m v]^2}{4g^2(p - \omega)^2 - \omega^2 m^2 v^2},$$

d'où

$$v = 2g \left(\frac{p - \omega}{\omega m} \right) \left(\frac{e^{mt} - 1}{e^{mt} + 1} \right),$$

ou

$$\frac{ds}{dt} = 2g \left(\frac{p - \omega}{\omega m} \right) \left(\frac{e^{mt} - 1}{e^{mt} + 1} \right);$$

par conséquent,

$$s = 2g \left(\frac{p - \omega}{\omega m} \right) \int \left(\frac{e^{mt} - 1}{e^{mt} + 1} \right) dt$$

$$= 4g \left(\frac{p - \omega}{\omega m^2} \right) \log \left(\frac{e^{mt} + 1}{2e^{\frac{1}{2}mt}} \right).$$

Si nous désignons par s' l'espace parcouru par la rochette sans hélice, et si, pour simplifier l'expression, nous faisons

$$k = \frac{g r^2}{\omega} \sqrt{\frac{2 \rho \pi (p - \omega)}{n^2 + r^2}},$$

nous aurons

$$s' - s = \frac{4g (p - \omega)}{\omega k^2 m^2} \log \left[\frac{\left(e^{kt} + 1 \right)^{m^2} e^{\frac{1}{2}(m^3 k^2 - k^3 m^2)}}{(e^{mt} + 1)^{k^2}} \right],$$

qui indique la différence existant entre la portée de la rochette simple et celle de la rochette garnie d'une hélice saillante ; mais nous avons prouvé dans l'analyse précédente que plus le mouvement giratoire est grand, plus aussi la justesse est grande. Cependant, en se servant d'hé-

lice saillante, pour avoir ce mouvement et l'accé-
lérer à volonté, on doit augmenter la hauteur
de l'hélice; mais cette dernière équation montre
que plus nous augmentons la hauteur de l'hélice,
plus la différence entre la portée de la rochette
simple et celle d'une rochette à hélice sera
grande; donc les fusées à hélice sont tout-à-fait
défectueuses, en ce que l'hélice raccourcit la
portée du projectile et que la fabrication de cette
sorte de fusée est très dispendieuse.

4. Nous avons fait voir tout ce que les rochettes à hélices ont de défectueux. Examinons
maintenant comment on peut corriger la déviation de cette fusée, en lui donnant un mouvement giratoire sans que la résistance de l'air soit
plus grande que celle d'une rochette simple; c'est
ce qui va faire l'objet du nouveau système que
nous proposons.

Pour confectionner la rochette que nous avons
imaginée, nous formerons, au moyen de feuilles
de tôle roulées sur un mandrin de manière à être
parfaitement cylindriques, et dont les bords seront brasés, des cartouches de $0^m,1$ de diamètre
et de $0^m,49$ de longueur, comme étant le modèle
le plus avantageux; puis nous y adapterons un
culot, disposé de manière à imprimer à la rochette un mouvement giratoire très rapide.

C'est dans la disposition de ce culot que consistera principalement le perfectionnement que nous voulons apporter à la confection des fusées de guerre.

Ce culot consiste en une plaque circulaire de fonte de cuivre (fig. 3), que l'on adapte à la partie inférieure du cartouche.

Il est disposé de la manière suivante : C, douille cylindrique à vis, d'un diamètre de $0^m,04$, concentrique au culot, et destinée à recevoir la queue de la rochette;

AAAA, quatre cylindres creux fondus avec la plaque et que nous appellerons cylindres giratoires, d'un diamètre de $0^m,02$, et d'une hauteur égale à un peu plus de leur diamètre extérieur; ils sont ouverts par la base fixée au culot et fermés à l'autre extrémité (*).

Ces cylindres sont latéralement percés chacun d'un trou circulaire $aaaa$, d'un diamètre $\dfrac{r}{3\sqrt{3}}$, où r est le rayon du cartouche, de manière que le jet de gaz qui s'échappera par ces orifices soit perpendiculaire au plan passant par l'axe du cylindre et le centre du culot, et dans une di-

---

(*) On peut faire aussi cette plaque en fer forgé et y fixer ensuite les quatre cylindres giratoires.

rection contraire au mouvement giratoire de la rochette.

eeee, trous circulaires d'un diamètre $\frac{r}{3}$, par lesquels jaillit le gaz lorsqu'on a mis le feu à la fusée, et destinés à donner à la rochette le mouvement progressif.

Les circonférences de ces quatre trous circulaires et les circonférences extérieures des quatre cylindres sont tangentes extérieurement à une circonférence concentrique à la plaque, et distante du bord intérieur de cette plaque d'une quantité égale à deux fois et demie l'épaisseur de la tôle du cartouche. Les points de tangence de ces quatre trous et des quatre cylindres giratoires divisent cette circonférence concentrique en huit parties égales.

5. Pour remplir les cartouches, on fera usage de la matière fusante dont on se sert aujourd'hui pour les rochettes ordinaires ; mais nous ferons remarquer que nous ne comptons pas employer dans la composition de notre matière fusante une grande quantité de chlorate de potasse, premièrement parce que cette substance étant fort chère augmente le prix des rochettes, et ensuite parce qu'elle ne produit pas une plus grande quantité de gaz (chose essentielle pour le mouve-

ment des fusées) que le nitrate de potasse, ce qui
est évident par l'analyse suivante :

Chlorate de potasse, 100 parties.

Acide chlorique. {chlore. . . . . 28,88}
                  {oxigène. . 32,63} 39,16} 68,04.
Potasse. . . . . . {oxigène. . 6,53}
                  {potassium . . . . . . 31,96}

Nitrate de potasse, 100 parties.

Acide nitrique... {azote. . . . . 13,97}
                   {oxigène. . 39,47} 47,37} 61,34.
Potasse . . . . . {oxigène. . 7,90}
                   {potassium . , ... 38,66}

La matière fusante renfermant du soufre, il
s'ensuit que pendant l'ignition, dans les deux
cas le potassium se combinant avec le soufre,
produira du sulfure de potassium, et par conséquent tous les gaz seront développés; et quoique
dans ces deux analyses nous trouvions que le
chlorate de potasse dégage une quantité de gaz
égale à 68,04 pour 100 en poids, tandis que le
nitrate de potasse n'en fournit que 61,34; nous
verrons, en calculant les volumes du gaz produit
par deux volumes égaux de ces deux sels, que,
si le chlorate de potasse donne 1525 pour volume des gaz, le nitrate donnera 1806.

Nous avons trouvé que l'excès du gaz en volume se trouve dans le nitrate de potasse ; toute-
fois, considérant que la densité du chlore renfermé dans le chlorate est plus grande que celle
de l'azote contenu dans le nitrate, de laquelle
densité dépend le mouvement de la rochette ;
qu'ainsi en représentant par 100 la densité du
gaz renfermé dans le nitrate de potasse, celle du
gaz qui est contenu dans le chlorate sera 135 ;
qu'ensuite, si l'on représente par v la vitesse avec
laquelle le gaz produit par le nitrate jaillit par les
orifices du culot dans le vide, par v' celle du gaz
obtenu par le chlorate, et par h la hauteur d'une
colonne du gaz engendré par le nitrate, dont la
base soit égale à la somme des aires des orifices et
dont le poids soit le même que celui de la pression
de ce gaz dans le cartouche sur une aire égale à la
base de cette colonne, on aura

$$v = 2\sqrt{gh}, \quad \text{et} \quad v' = 2\sqrt{\tfrac{100}{135}gh};$$

et si l'on représente par a la somme des aires des
orifices, le temps dans lequel le gaz produit par
le nitrate jaillit dans le vide étant

$$\frac{1806}{2a\sqrt{ga}},$$

le temps dans lequel jaillit le gaz produit par le

chlorate , sera

$$\frac{1525}{2a\sqrt{\frac{100}{135}gh}}.$$

Maintenant, si dans le deuxième cas le temps est
= 1 , dans le premier cas, il sera égal à

$$\frac{\dfrac{1806}{2a\sqrt{gh}}}{\dfrac{1525}{2a\sqrt{\frac{100}{135}gh}}} = \frac{1535}{1525} = 1,006.$$

Nous en concluons que, tout étant bien cal-
culé, il y aura à peu près compensation dans le
mouvement imprimé à la rochette par ces deux
substances, et que le peu de différence qu'il y
aura, sera en faveur du nitrate : si l'on consi-
dère que le chlorate est beaucoup plus cher que
le nitrate, on comprendra que, sous tous les
rapports, cette dernière substance doit être pré-
férée. Cependant, pour atténuer un peu plus la
quantité d'azote que renferme le nitrate de potasse et qui nuit à la combustion, nous emploie-
rons tout au plus une partie de chlorate sur deux
de nitrate.

Quelques auteurs semblent néanmoins avoir
adopté, mais bien à tort, le chlorate de potasse
en grande quantité, comme donnant aux ro-

chettes une force de projection excessivement grande (*).

6. Le chargement se fait de la manière ordinaire, avec une broche en fer forgée et tournée, ayant la forme d'un cône tronqué, dont le diamètre inférieur $= \frac{2r}{3}$, le diamètre supérieur $= \frac{r}{3}$, et la hauteur est égale à $7r$, puis plusieurs ba-

---

(*) On nous demandera peut-être pourquoi la poudre chloratée est bien plus puissante que la poudre ordinaire : à cela nous répondrons que cette puissance est due non pas à l'excès du gaz, mais à l'instantanéité de sa déflagration, parce que, dans la composition de la poudre ordinaire, il se trouve de l'azote qui fait obstacle à l'ignition, et conséquemment, la pression initiale du gaz produite par la déflagration de la poudre chloratée est beaucoup plus grande que celle de la poudre ordinaire : c'est pourquoi la vitesse du projectile des bouches à feu obtenue par cette poudre est plus accélérée. Cela posé, on peut augmenter aussi la pression initiale de la poudre ordinaire dans les bouches à feu, en plaçant la lumière de manière qu'elle communique le feu au centre de la charge; car la déflagration s'opérant de tous les côtés à la fois, le volume du gaz produit au moment même de l'ignition sera beaucoup plus grand que si la lumière était à l'extrémité de la charge; par conséquent la vitesse initiale du projectile tiré de cette manière sera augmentée.

Quant au mouvement des rochettes, il dépend du volume, de la pression et de la densité des gaz : il ne faut donc pas confondre ces deux forces, dont l'une agit instantanément, tandis que l'autre s'exerce avec continuité

2*

guettes en bois dur et bien sec, cylindriques à l'extérieur et creusées intérieurement, de façon que la première pouvant recevoir toute la broche, la dernière n'en reçoive que l'extrémité.

Après avoir garni de papier la paroi intérieure du cartouche, on introduit la broche par le trou de la douille, en sorte que son axe coïncide avec celui du cartouche; on engage ensuite ce cartouche muni de sa broche dans un trou pratiqué dans la base adaptée à la presse hydraulique.

Le cartouche étant ainsi disposé, on remplit de sable sec les petits cylindres giratoires en fermant les orifices de ces cylindres avec des bagues métalliques, puis on verse dans le cartouche une couche d'argile pulvérisée et tamisée de $0^m,02$ d'épaisseur.

Ensuite, pour établir une communication entre l'intérieur du cartouche et les cylindres giratoires, on dégage au moyen d'un instrument convenable la partie de la couche d'argile qui ferme l'ouverture de ces cylindres, et l'on couvre cette couche d'argile d'une couche de sable d'une épaisseur $= \frac{r}{3}$ que l'on sépare de la matière fusante par une rondelle de carton ou de parchemin, qu'on dégage par la douille après le chargement.

Enfin on introduit dans le cartouche la matière

fusante couche par couche, dont la dernière dé-
passera le sommet de la broche d'une quantité
$= \frac{5r}{6}$. Au-dessus de cette couche, nous en place-
rons une autre d'une épaisseur $= \frac{7r}{6}$ d'une composition plus active que la première et dont nous
nous servirons pour remplir la queue de la rochette (*).

On presse ensuite chaque couche très forte-
ment au moyen d'une presse hydraulique (**) ;
mais pour que les parois du cartouche n'éclatent
pas sous une si grande pression, on aura soin de

(*) Dans les fusées ordinaires, quand la combustion arrive
au milieu du massif de composition qui est au-delà de l'âme,
le reste de la matière ne fournit plus assez de gaz pour accé-
lérer la rochette ; c'est pourquoi nous avons fait usage d'une
composition assez active pour la couche supérieure, afin de
prolonger la durée de la force accélératrice.

(**) Nous préférons la presse hydraulique au mouton, parce
que, dans le système du mouton, le choc soudain développe
le calorique latent dont la force répulsive se combinant avec
l'élasticité de la composition, produit une séparation entre
les molécules de la matière fusante, tandis que par le moyen
de la presse hydraulique, la force de pression étant lente et
continue, le calorique latent rayonne et les molécules de la
composition établissent un équilibre moléculaire plus dense
et plus uniforme que le choc soudain du mouton ; de plus ce
procédé est beaucoup moins dangereux.

placer le cartouche dans un moule qui, s'ouvrant en deux parties après la compression, laisse librement sortir le cartouche et permette de le serrer comme dans un étau avant de faire agir la presse.

On couvre la dernière couche d'une rondelle de carton percée au centre, puis à l'aide de clous à vis, on fixe au cartouche le pot en fer fondu représenté dans la figure 4.

Ce pot est rempli de poudre à canon ; il présente à sa base un œil dans lequel on introduit une fusée remplie d'une composition telle, qu'elle puisse communiquer le feu à l'intérieur de ce pot dans un temps donné.

7. Après avoir ainsi disposé la rochette, on y adapte la queue qui consiste en un tube cylindrique de tôle roulée et brasée.

Le diamètre extérieur de ce tube est plus petit de $0^m,009$ que le diamètre intérieur de la douille du culot.

Il est fermé à une de ses extrémités par une petite grenade remplie de poudre, et ouvert par l'autre, qui est garnie d'un cylindre en cuivre à pas de vis dont le diamètre extérieur est égal au diamètre intérieur de la douille, de manière à s'y adapter facilement.

La longueur de cette queue doit être telle, que

lorsque celle-ci est remplie de la composition et fixée à la douille, le centre de gravité de toute la fusée se trouve justement au plan de jonction de la queue du culot.

Pour charger cette queue, on commencera par en garnir de papier la paroi intérieure, puis on y introduira la composition couche par couche, que l'on foulera au moyen d'une baguette, ayant soin auparavant de placer le tube dans un moule pour éviter que le choc le fasse courber.

La composition dont la queue est chargée doit être assez vive pour que la combustion de cette matière soit égale en durée à celle de la couche de composition placée au - dessus de l'extrémité supérieure de l'âme du cartouche; ou, pour parler mathématiquement, si l'on représente par l la longueur de la queue, et par 1 la vitesse de combustion de la matière fusante dans le cartouche, la vivacité de la composition dont la queue est chargée doit être égale à

$$\frac{6l - 7r}{5r}.$$

Si l'on trouve un avantage à pratiquer une âme dans la masse de la composition de la queue, au moyen d'une vrille, la longueur de cette âme sera égale à $\frac{1}{5}$ de la longueur de la queue; et dans ce cas, la vivacité de la composition doit être égale à

$$\frac{24l - 35r}{25r}.$$

8. Nous avons prouvé par l'analyse qu'en donnant aux rochettes un mouvement giratoire elles
ne pouvaient avoir une grande déviation ; et en
mettant le feu à la rochette que nous avons pré-
sentée, on s'apercevra qu'elle exécute un mouvement rotatoire dont l'analyse suivante donne la
vitesse angulaire et le nombre de rotations dans
son mouvement progressif.

En faisant

$\omega =$ le poids de la rochette tout entière,

$\varpi =$ le poids de la composition,

$p = \begin{cases} \text{la pression des gaz sur une aire égale à la somme de} \\ \text{celles des orifices des cylindres giratoires,} \end{cases}$

$\tau =$ la durée de la combustion de la matière fusante,

$r =$ la distance entre l'axe de la fusée et le centre du trou
d'un cylindre giratoire,

$\rho = \begin{cases} \text{la distance de l'axe de la rochette au centre de ro-} \\ \text{tation, en supposant que la moitié de la composi-} \\ \text{tion est consumée (*),} \end{cases}$

$\theta =$ l'angle variable formé par un rayon du cartouche et un
plan fixe dans l'espace,

$g =$ la force de gravitation ;

(*) Si nous supposons que la distance de l'axe de la rochette au centre de rotation est variable, l'intégration de l'é-

nous aurons l'équation différentielle du mouvement de rotation de la rochette autour de son
axe

$$\frac{d^2\theta}{dt^2} = \frac{gpr}{pr^2 + \left(\omega - \frac{t}{\tau}\,\varpi\right)\rho^2},$$

en intégrant,

$$\frac{d\theta}{dt} = gpr \int_0^\tau \frac{dt}{pr^2 + \left(\omega - \frac{t}{\tau}\,\varpi\right)\rho^2}$$

$$= \frac{gp\tau r}{\varpi\rho^2} \log\left[\frac{pr^2 + \omega\rho^2}{pr^2 + (\omega - \varpi)\,\rho^2}\right],$$

qui donne la vitesse angulaire de rotation de la
rochette au bout du temps τ.

Maintenant

$$\theta = \frac{gp\tau r}{\varpi\rho^2} \int_0^\tau \log\left[\frac{pr^2 + \omega\rho^2}{pr^2 + \left(\omega - \frac{t}{\tau}\,\varpi\right)\rho^2}\right] dt$$

$$= \frac{gp\tau r}{\varpi\rho^2}\left\{ \frac{pr^2 + \omega\rho^2}{\varpi\rho^2} \log\left[\frac{pr^2 + (\omega - \varpi)\,\rho^2}{pr^2 + \omega\rho^2}\right]^\tau \right.$$

$$\left. + \log\left[\frac{e\,(pr^2 + \omega\rho^2)}{pr^2 + (\omega - \varpi)\,\rho^2}\right]^\tau \right\}$$

---

quation différentielle deviendra excessivement compliquée ;
mais la variation de cette distance étant petite, si nous ad-
mettons que la moitié de la composition est consumée, et
que cette distance soit constante, nous pourrons trouver à
une grande approximation les circonstances du mouvement
de rotation de la rochette.

Par conséquent, le nombre des rotations de la rochette pendant le temps τ, sera

$$\frac{gp\tau r}{2\pi\varpi\rho^2}\left\{\begin{array}{l}\frac{pr^2+\omega\rho^2}{\varpi\rho^2}\log\left[\frac{pr^2+(\omega-\varpi)\rho^2}{pr^2+\omega\rho^2}\right]^{\tau}\\[2ex]+\log\left[\frac{e\,(pr^2+\omega\rho^2)}{pr^2+(\omega-\varpi)\rho^2}\right]^{\tau}\end{array}\right\}.$$

9. Cette fusée aura sur celles dont on se sert aujourd'hui cet avantage que, outre que dans un temps calme elle donne une très grande justesse dans le tir, elle luttera encore plus avantageusement contre le vent que les rochettes ordinaires, parce que la queue de notre fusée étant plus courte que la baguette directrice des autres fusées, le centre de résistance s'y trouve plus rapproché du centre de gravité; par conséquent la déviation produite par l'effet du vent sera moins grande que celle des rochettes ordinaires.

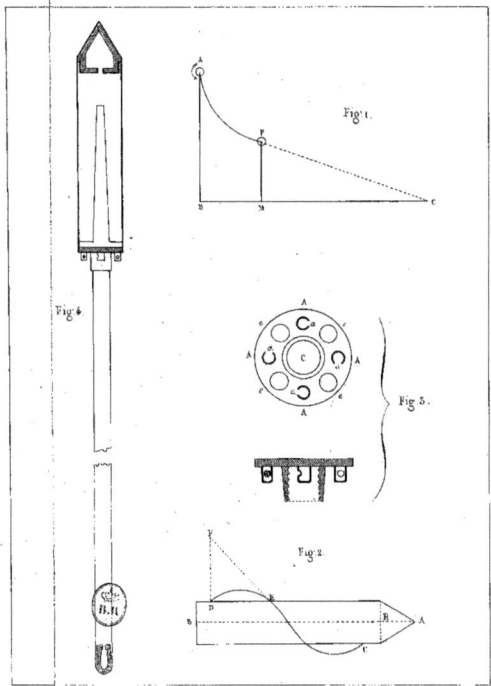

Fig. 1.

Fig. 4.

Fig. 5.

Fig. 2.

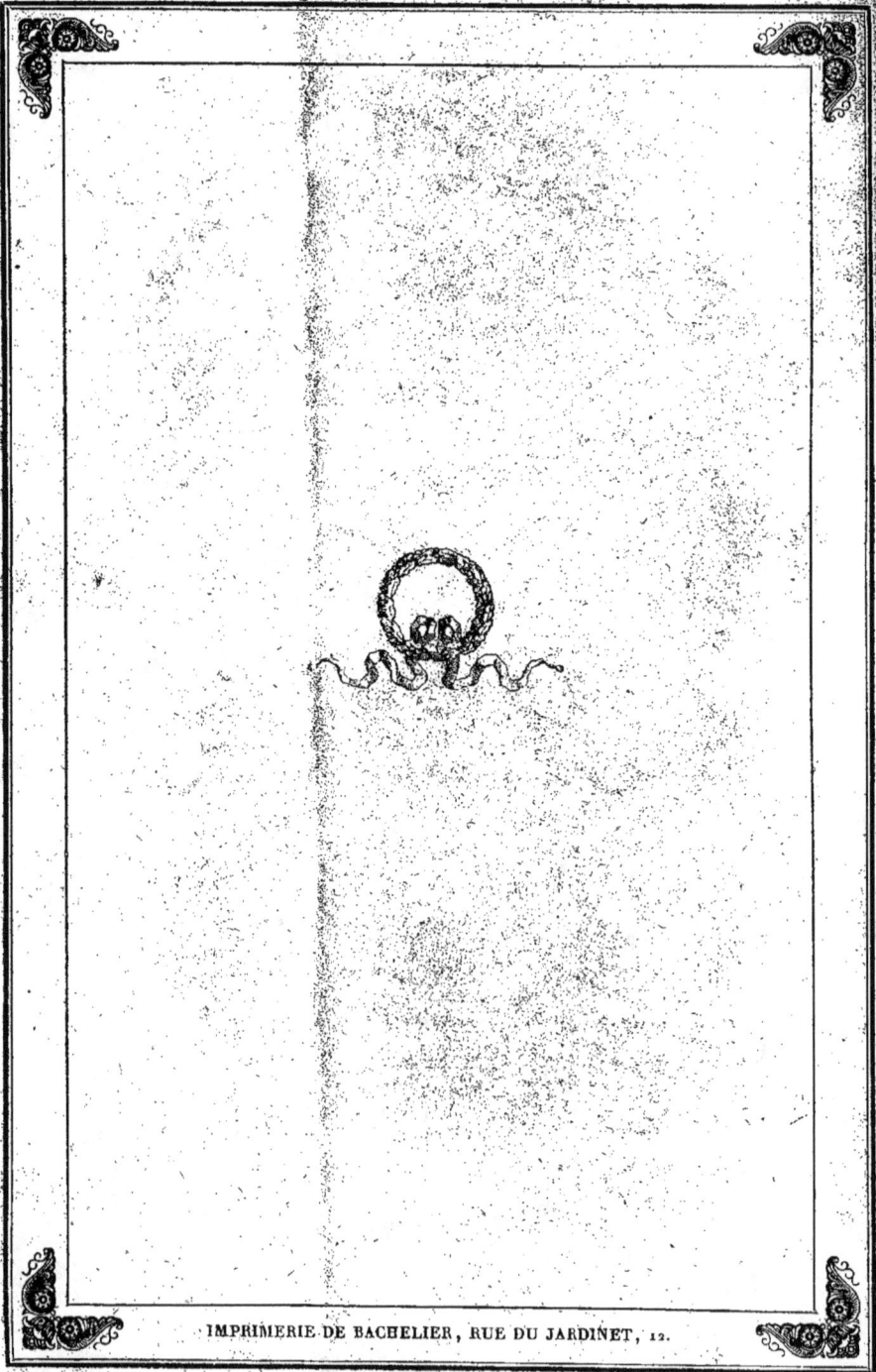

IMPRIMERIE DE BACHELIER, RUE DU JARDINET, 12.

www.ingramcontent.com/pod-product-compliance
Lightning Source LLC
Chambersburg PA
CBHW060812280326
41934CB00010B/2655